Adestramento de Cães

Riberg Cosse

Adestramento de Cães

Educação, Treinamento, Obediência

10ª edição revista e atualizada

Consultoria técnica:
Daniela Sanzi

1ª Edição, Discubra – Distribuidora Cultural Brasileira, 1999
9ª Edição, Editora Gaia, São Paulo 2008
1ª Reimpressão, 2011

Diretor-Editorial
Jefferson L. Alves

Diretor de Marketing
Richard A. Alves

Gerente de Produção
Flávio Samuel

Coordenadora-Editorial
Dida Bessana

Assistentes-Editoriais
João Reynaldo de Paiva
Lucas Puntel Carrasco

Ilustrações
Avelino Guedes

Revisoras
Alessandra Biral
Anabel Ly Maduar
Erika Nakahata
Tatiana Y. Tanaka

Consultora Técnica
Daniela Sanzi

Foto de Capa
©Kevin R. Morris/Corbis/LatinStock

Projeto Gráfico e Capa
Reverson R. Diniz

Dados Internacionais de Catalogação na Publicação (CIP)
(Câmara Brasileira do Livro, SP, Brasil)

Cosse, Riberg
Adestramento de cães : educação, treinamento, obediência / Riberg Cosse ; consultoria técnica Daniela Sanzi. – 9. ed. rev. atual. – São Paulo : Gaia, 2008.

Bibliografia
ISBN 978-85-7555-127-1

1. Cães 2. Cães – Adestramento 3. Cães – Criação 4. Cães – Cuidados I. Sanzi, Daniela. II. Título

08-00768 CDD-636.7082

Índices para catálogo sistemático:

1. Cães : Criação 636.7082

Editora Gaia Ltda.
(pertence ao grupo Global Editora e Distribuidora Ltda.)

Rua Pirapitingui, 111-A – Liberdade
CEP 01508-020 – São Paulo – SP
Tel.: (11) 3277-7999 – Fax: (11) 3277-8141
e-mail: gaia@editoragaia.com.br
www.editoragaia.com.br

Obra atualizada conforme o **Novo Acordo Ortográfico da Língua Portuguesa**

Nº de Catálogo: **2494**

Adestramento de Cães

Educação, Treinamento, Obediência

Sumário

INTRODUÇÃO
A PSICOLOGIA DO CÃO

Quando se fala em psicologia canina, é preciso voltar atrás alguns anos e chegar à época em que os cães eram selvagens e agiam exclusivamente por instinto.

Nos últimos tempos, a relação entre homem e cão vem melhorando e se tornando cada vez mais fácil. Antes as pessoas recorriam muito mais à força física; hoje, os cães podem aprender melhor e mais rápido graças aos estudos realizados sobre o comportamento canino. Mesmo assim, ainda não se pode dizer que seja uma relação simples.

Os comportamentos bons devem ser condicionados e reforçados, e os comportamentos indesejáveis jamais devem ser premiados. Por exemplo, se o cãozinho subir no sofá e receber carinho ou um petisco para descer, isso significará que ele foi premiado. Dessa forma, sempre subirá esperando a recompensa para descer.

Cães descendem dos lobos, que viviam em matilhas muito bem organizadas, com líderes e liderados, até por isso ainda hoje eles nos veem como membros da matilha. Precisamos, então, exercer a liderança sobre nossos cães ou sobre os cães que vamos adestrar, com o intuito de ter uma relação tranquila.

Educar um cão e uma criança com menos de dois anos é um processo muito semelhante, pois somente a partir dessa idade as crianças começam a desenvolver a região cerebral que se ocupa do pensamento e, consequentemente, tornam-se capazes de questionar entre o certo e o errado e de discerni-los. Os cães jamais desenvolverão essa parte; logo, portam-se como crianças que jamais passam ou passarão dos dois anos de idade. Por exemplo, janelas desprotegidas são um perigo para os cães durante toda a vida; já para as crianças, somente no primeiro período da infância. A "inteligência" baseia-se em condicionamento, percepção e instinto.

Ninguém trabalha sem ser recompensado, tampouco o faz por sofrimento: humanos recebem salário, e cães, recompensas.

O papel do dono ou do adestrador é exercer a liderança de maneira agradável e ensinar bons comportamentos, condicionando os animais a comandos gestuais e verbais. Cães entendem com muito mais facilidade nossos gestos do que nossas palavras. Todos os comandos devem ser iniciados de forma gestual, só depois passando a ser verbais.

O medo é um fator que pode atrapalhar – e muito – o andamento do aprendizado. Ao perceber que o cão está com medo, não o acaricie nem fale suavemente com ele, pois isso acabará sendo um estímulo para que tenha medo outras vezes.

A primeira indicação é continuar o que estava fazendo de maneira natural, passando confiança ao cão. Mostre a ele que você não tem medo, que não se sentiu incomodado, e demonstre confiança em que seu líder vai acompanhá-lo.

Caso o cão tenha medo de algo específico, procure recompensá-lo por ele passar perto do que o amedronta, por manter-se sereno na presença do que o atemoriza etc.

Alguns cães chegam a morrer em dias de chuva forte ou de queima de fogos. O ideal é tentar fazer o cão relacionar o barulho a uma coisa boa; então, quando soltarem fogos, olhe para ele com ar de felicidade e grite, por exemplo, "gol!". Se o cão demonstrar entusiasmo, recompense-o imediatamente, e só não o faça quando ele estiver em pânico – isso estimulará seus medos.

Se ele não demonstrar entusiasmo, deixe-o no cantinho em que está acostumado, mas lembre-se de não pegá-lo no colo nem acariciá-lo, pois demonstrar carinho nessas condições será prejudicial.

Cães de todas as idades são capazes de aprender, e o tempo de aprendizado pode variar, dependendo da raça, dos instintos e da quantidade de repetições dos exercícios de condicionamento.

EDUCAÇÃO E ADESTRAMENTO

A educação precede o adestramento, porque educar o cão já é adestrá-lo, ou talvez se diga com mais propriedade que educá-lo é preparar o terreno para o adestramento; devemos utilizar o bom senso durante essa fase do cão, educando-o desde o dia de sua chegada em casa. Por exemplo: um são-bernardo não deve ficar em cima do sofá nem quando filhote, pois ele crescerá e a situação se tornará insustentável – a família sentada no chão, e o cão esparramado no sofá diante da TV.

Um cão educado é um cão mais feliz, porque ele pode fazer muitas coisas vetadas a outros canídeos: passear, andar de carro, conviver com as pessoas e com outros cães; ele não precisa ficar preso nem será um tormento para seus donos – o que o faria correr o risco de ser doado ou até abandonado.

Se for dormir na área de serviço, o cão deve ser acostumado no local a partir do momento em que chegar em casa – em vez de dormir no quarto quando filhote, por exemplo. Normalmente as pessoas pecam por excesso de amor: na condição de filhotes, os cães podem tudo: subir no sofá, ficar no colo, dormir no quarto e às vezes até na cama, e quando crescem esse "tudo" lhes é retirado de uma vez. Ocorrem então muitos conflitos desnecessários entre donos e cães.

Quando bebê, seu cão poderá ganhar um brinquedo: há brinquedos que até imitam as batidas de um coração, o que servirá para aquecê-lo e não deixá-lo se sentir sozinho em suas primeiras noites de sono sem a mãe e os irmãos. É importante salientar que não devemos aparecer quando o novo integrante da família chorar, mesmo que seja para lhe dar uma bronca: a presença humana decorrente do choro é entendida como recompensa. Falar com o cão também não é recomendável; na verdade, ele deve parar por si mesmo ao perceber que não adianta choramingar, mas se passar alguns dias insistindo deverá levar uma bronca "despersonalizada", ou seja, aquela em que ninguém aparece: podemos fazer um barulho desagradável (como bater tampas de panela, balançar um chocalho etc.) cada vez que o filhote chorar; nesse caso, ele não mais o fará para não ouvir o ruído ruim.

Não devemos gritar nem fazer gestos bruscos com o cão, sobretudo se for filhote. Caso ele queira roer alguma coisa que não seja permitido, basta que o retiremos dali. Se voltar a roer, nós o retiramos de novo, e assim sucessivamente, fazendo-o desistir daquele objetivo. Nesse momento, ofereça brinquedos ou faça carinho longe do que ele tentava roer. Algo semelhante deve ser feito para que ele não entre em determinados cômodos da casa: é difícil resistir à carinha de um filhote pidão querendo entrar no quarto. Mas lembre-se de que ele ficará adulto, e a situação poderá se tornar insustentável com a permissão dessas liberdades.

Tudo o que acontece com os filhotes durante seu primeiro trimestre de vida fica gravado na memória dele e provavelmente modificará seu comportamento. Se uma ninhada apanha uma chuva forte, é bastante provável que seus membros tenham medo de água até a idade adulta, mesmo que sejam de uma raça naturalmente afeita à água, como o labrador. Portanto, é ideal evitar ao máximo as situações de desconforto ao pequenino. Por exemplo: não soltar o cãozinho com outro que não seja amistoso, tomar muito cuidado com piscinas sem proteção e evitar que o filhote mexa em fios ou tente lamber tomadas.

A comida não deve ficar à vontade, pois, além da possibilidade de ela atrair ratos e pombos (transmissores de doenças), o cão não saberá valorizar a hora da refeição; de modo geral, não se alimentará corretamente e "beliscará" a ração várias vezes ao dia, não absorvendo o alimento necessário para seu desenvolvimento e não raro fazendo com que o dono substitua a marca da ração – o que não dá nenhum resultado se a comida estiver sempre à vontade. Por acaso o nosso almoço fica disponível no prato o dia inteiro? A ração deve ser oferecida, e o cão, ter mais ou menos 15 minutos para comer. Se não o fizer, esta será retirada e oferecida mais tarde. Para que o cão adquira esse hábito, se ele for adulto, levará em média dois dias recebendo a comida nesse tempo restrito pela manhã e à tarde. Depois o animal se acostumará e comerá tão logo a ração lhe for oferecida. A água deve estar sempre fresca e à disposição.

Como habituar o cão a fazer xixi e cocô no local desejado?

Com o cão acostumado a comer nos horários preestabelecidos, será bem mais fácil condicioná-lo a fazer as necessidades no local apropriado. O primeiro local será o jornal ou os tapetes higiênicos. Depois, poderá ser feita a transferência para a rua.

O local de fazer xixi deverá ser, preferencialmente, um de rápida absorção da urina: jornal, tapetes, grama e panos em geral. Normalmente, o cão defeca no lugar em que está. Então, após comer, ele deve ser colocado em uma área forrada com jornal ou tapete higiênico, que, também por questões de limpeza, não deve ficar muito próxima das vasilhas de água e comida. Quando fizer xixi ou cocô no lugar certo, o cão deve ser imediatamente premiado com petisco e agrado verbal, como um "muito bem!" em tom efusivo e satisfeito, até entender onde será seu "banheiro". Quando errar e for surpreendido durante o erro, devemos pegá-lo durante o ato e imediatamente conduzi-lo ao jornal (com ele ainda fazendo as necessidades), já que a reação natural do animal é parar de fazer suas necessidades e segurar se for punido enquanto estiver fazendo. Não sendo esse nosso objetivo, devemos colocá-lo no local desejado sem dizer uma palavra e então recompensá-lo. Se o cão não for surpreendido, nada poderá ser feito: não adianta esfregar seu focinho no xixi e levá-lo ao local certo, como muitos pensam, pois o cão não entenderá o porquê dessa atitude por parte do dono ou adestrador.

Não devemos limpar a sujeira na presença do animal, pois isso nos faz dar atenção ao ato realizado. O cão entenderá que, quando repetir essa atitude, terá novamente a atenção voltada para si, afinal enquanto limpamos estamos abaixados, e fatalmente ele tentará brincar, pular, e mesmo que estiver levando broncas não as levará a sério, pois o que vale é a interação do momento.

Com essas dicas, seu companheiro estará preparado para iniciar os exercícios de adestramento.

Lembre-se:

NUNCA fique nervoso nem bata em seu cão: seu nervosismo o deixará apreensivo e confuso, o que impossibilitará o aprendizado.

Cães captam estados de humor: se o dono ou adestrador estiver tenso ou estressado, o cão também ficará; se o dono ou adestrador estiver feliz e disponível, o cão também estará. É preciso ter sempre em mente que agressividade só gera agressividade.

PREPARAÇÃO PARA AS AULAS DE ADESTRAMENTO

Para as aulas de adestramento, você vai precisar de:

- petiscos variados (do tipo bifinhos, salsichas, biscoitos e patês. Nunca use doces, frituras ou alimentos que possam prejudicar a saúde do animal);
- uma guia longa;
- um enforcador de náilon para adestramento ou coleira de pescoço; peitorais não são bem-vindos nessa fase do treinamento, pois estimulam os cães a puxar;
- dois brinquedos;
- ambiente controlado: as aulas devem ser realizadas em local cercado, tranquilo e livre de coisas que possam atrair a atenção do animal. Nunca na rua, porque não é seguro: acidentes podem acontecer, razão pela qual o melhor é prevenir.

Precisamos avaliar nosso aluno (cão): saber se ele tem medo, se é agressivo, brincalhão demais, líder ou se demonstra algum desvio de comportamento. Para isso, é importante verificar suas condições de vida, pois, dependendo do ambiente em que se encontra, poderemos avaliar o tipo de trabalho que lhe é adequado. Por exemplo, se fica muito tempo preso na guia, pode se tornar agressivo; se fica olhando a rua, pode se transformar em um cão estressado e latir muito; num ambiente sujo, pode se tornar bravo; da mesma forma, a alimentação não apropriada pode prejudicá-lo.

A socialização também é fator importantíssimo: o cão deve saber se comportar com pessoas e com outros cães; para que isso ocorra, desde pequeno, ele deve ter contato com diferentes situações, ambientes, pessoas e animais.

Conquistando a liderança e evitando maus comportamentos

Alguns comportamentos inadequados são provenientes da liderança, por exemplo, fazer xixi ao pé do sofá, do fogão, rosnar se alguém passar por perto enquanto come ou se tentarmos retirá-lo do sofá ou de dentro de casa.

Como já foi mencionado, os cães viviam em matilhas e hoje nos enxergam como membros dela. Dependerá de nosso comportamento sermos definidos como líderes ou liderados.

Ao cão é preciso impor limites: ele não pode ganhar comida ao pé da mesa enquanto a família almoça, até porque não há nada mais desagradável do que latidos durante as refeições – isso quando eles não passam aos cutucões e ganidos. Ao sair de casa, o cão deve esperar que o dono saia primeiro para então ele sair (caso contrário, o dono será sempre levado para passear); primeiro, comem os líderes (donos), depois os liderados (cães). Os membros da matilha caçavam o alimento e esperavam os líderes terminarem de comer, para então ficarem com os restos. Comendo depois dos donos, os cães entenderão que são liderados, sem precisar comer restos de ninguém, devendo se entreter com sua ração normalmente.

Nas brincadeiras de cabo de guerra com o cão, é ideal que sempre o líder (ou seja, o dono) ganhe e que a brincadeira perca a graça quando o liderado for o vencedor: o cão deve entregar o brinquedo ao líder. O dono também não deve se deitar no chão e deixar que o cão suba em cima dele.

Identificamos um cão líder quando ele, por não aprovar alguma atitude de seus donos, faz xixi em cima da cama, destrói alguma coisa, fica latindo se o dono tenta falar ao telefone ou conversar com alguém, rosna e até morde quando contrariado.

Jamais use coleiras ou enforcadores com garra. Prefira coleiras ou enforcadores de pano ou náilon, próprios para adestramento.

Acostumar o cão com a coleira não é tarefa difícil: coloque a coleira e não o puxe para lado nenhum; deixe-se levar, e, quando ele perceber, estará passeando de coleira. A partir daí, o passeio poderá ser direcionado.

Os exercícios devem ser prazerosos para o dono e para o cão. Se o dono estiver nervoso ou desanimado, é melhor que o adestramento fique para outra ocasião; se o cão não demonstrar disponibilidade, tente trocar o atrativo ou deixar para um momento em que ele esteja com mais vontade de brincar e de ganhar petiscos.

Os comandos básicos que o cão aprenderá na primeira fase, e que serão explicados individualmente, são: "NÃO!", "JUNTO!", "SENTA!", "DEITA!", "PATA!", "EM CIMA!", "FICA!", "AQUI!" ou "VEM!", "PEGA!" e "SOLTA!".

Já os comandos avançados que o cão aprenderá na segunda fase, e que serão explicados individualmente, são: "MORTO", "DIREITA!", "ESQUERDA!", "TRANÇA", "PRA TRÁS", "CUMPRIMENTA" ou "OI", "TCHAU", "RASTEJA", "MACHUCADO", "DE PÉ!", "PULA!" e os exercícios livres.

Os comandos da primeira fase são mais difíceis de ensinar porque o cão ainda não entendeu bem o que esperamos dele. Nos comandos da segunda fase, ele já demonstra prazer em responder ao treinamento. Se não estiver acertando o que lhe propomos, ele NÃO será punido, já que está buscando acertar, e cabe ao dono ou adestrador moldar o comportamento. Se tentamos fazer algo e recebemos uma repreensão, deixamos de fazê-lo. O mesmo ocorre com os cães.

Não é recomendável insistir demais no mesmo comando, pois isso cansa e aborrece o cão. Devemos identificar o momento de parar, caso ele demonstre algum sinal de cansaço ou aborrecimento, como lamber os lábios, bocejar, latir de modo ansioso ou ficar ofegante. Será o caso, então, de rapidamente trocar o exercício ou até mesmo interromper o treinamento.

O cão deve sempre trabalhar estimulado, e isso ocorrerá de acordo com a forma pela qual oferecermos as recompensas (petiscos ou brinquedos), sendo preciso valorizar o que é oferecido.

Quando o cão conhecer os vários comandos, evite executá-los na mesma ordem – isso para que ele tenha de prestar atenção ao que é solicitado e só então executar. Se ele se acostumar à sequência, será difícil pedir um comando isolado. Tomemos como exemplo um cão habituado a sentar, deitar e rolar. Se lhe for solicitado que se sente, provavelmente ele irá sentar, deitar, rolar e esperar a recompensa com a maior alegria, entendendo que fez tudo o que íamos pedir.

Não podemos tentar ensinar vários comandos de uma só vez; precisamos, na verdade, agir com calma para que o exercício se torne claro.

Os exercícios devem ser feitos de forma agradável, brincando, e em clima leve (de bom grado e de bom humor).

Se o cão por acidente fugir, não corra atrás dele, e procure correr em direção oposta após chamar a sua atenção. Quando ele vier até você, recompense-o e NUNCA o castigue: estará sendo recompensado por voltar, e se for repreendido associará a punição ao retorno, não à fuga. Se acaso fugir novamente, não irá querer voltar, pois chegar ao objetivo (ao dono ou adestrador) será considerado algo desagradável. Pensemos em uma mãe que dissesse ao filho: "Vá pegar o chinelo, porque você vai apanhar".

Cada cão é único: são diferentes, mesmo que da mesma raça, têm necessidades específicas, donos distintos e aprendem de modos diferentes. Por isso, não podemos tratar todos da mesma forma e exigir o mesmo tempo de treinamento para atingir o resultado esperado.

Um comando não pode se tornar punição. Devemos solicitá-lo de maneira amistosa: o único comando que não será agradável aos ouvidos do cão será o "NÃO!"

“NÃO!”

É um comando muito valioso, cuja utilidade deve ser ensinada ao cão. Deve ser dito em tom baixo e JAMAIS com gesto agressivo na sequência.

Para apresentarmos esse comando ao cão, simplesmente colocamos petiscos na sua frente, e, quando ele for pegá-los, nós o seguramos e dizemos "NÃO!" em tom firme e objetivo. É o caso de fazê-lo repetidas vezes, quando o cão se dirigir para pegá-lo e antes parar e olhar como se pedindo permissão. Devemos dizer em tom positivo um "muito bem!". E o recompensamos, liberando-o para que ele se apodere do petisco. O processo pode ser repetido com um brinquedo. Até que o cão ouça o comando, ele não deve dar prosseguimento ao que ia fazer, mas, em vez disso, deve olhar para o dono ou adestrador; por exemplo, ele estava prestes a pegar alguma coisa – uma meia ou um sapato, enfim, algo que não devia –, mas ao ouvir o comando "NÃO!" ele para imediatamente, deixa de pegá-lo e olha o adestrador como que solicitando sua permissão.

Se o cão for muito persistente, podemos utilizar a bronca despersonalizada após o comando "NÃO!", para que o associe a algo ruim. Por exemplo, se o cão tenta pegar o petisco, nós o seguramos e utilizamos o comando "NÃO!"; se ele tenta nos morder ou insiste inúmeras vezes, imediatamente ao ouvir o comando "NÃO!", sem nos ver fazendo um barulho que lhe seja desagradável (tampas de panela batendo, uma garrafa Pet vazia batida no chão ou na parede). Ele entenderá que não se trata de um comando positivo.

Nunca utilize o comando "NÃO!" quando o cão estiver em seu colo ou sendo acariciado: nessas condições, o comando não terá validade nenhuma. Para o cão, vale muito mais o contato que o comando, que sem o contato perde em eloquência.

Não pegue o cão no colo nem faça carinho imediatamente após reprová-lo por alguma atitude; jamais recorra à violência, que só lhe fará ter motivos para arrependimento. Mesmo que o cão solicite atenção após ser repreendido, não pense que se trata de arrependimento: ele está pedindo autorização para poder fazer novamente o que lhe rendeu uma bronca.

"JUNTO!"

O motivo de o cão levar o dono para passear, ou seja, conduzir o passeio, é ele querer liderar a caminhada e, consequentemente, o dono.

Quando o cão puxa na direção de algo ou alguém e deixamos que atinja o objetivo, ele é recompensado pelo simples fato de chegar aonde queria; com isso, passará a tentar com mais frequência.

O comando "JUNTO!" não será utilizado durante todo o passeio, que deve ser prazeroso e realizado com a guia relaxada, para que seja agradável. O primeiro passo é andar ao lado do cão com a guia relaxada; quando o cão ultrapassar com a cabeça a coxa do adestrador, mude de direção sem aviso prévio. Após a terceira ou quarta mudança de direção, o cão começará a olhar para o dono ou adestrador (podendo variar o número de tentativas) esperando uma repentina mudança de direção, e o passeio será com a guia relaxada e o cão prestando atenção ao dono. Quando isso ocorrer, recompense-o imediatamente.

O comando "JUNTO!" será utilizado em situações de suposto perigo: por exemplo, outro cão, crianças ou adultos com medo, pessoas jogando bola, entre outras.

Na utilização desse comando, o cão realmente andará junto ao dono ou adestrador, e isso significa com a cabeça rente à coxa e olhando para o condutor sempre que lhe for solicitado.

Para ensinar o comando "JUNTO!", devemos mostrar o petisco ao cão, segurá-lo próximo à coxa e aos poucos elevá-lo à altura da cintura, fazendo com que o animal fique "colado" na sua coxa e olhe para cima. Depois levamos o petisco na mão fechada, na qual o cão já não poderá vê-lo. Quando ele se aproximar da perna e olhar para o dono ou adestrador, este deverá dizer o comando "JUNTO!" de maneira amistosa, não impositiva, e fornecer o petisco imediatamente, repetindo esse processo quantas vezes forem necessárias, até que, à simples menção do comando "JUNTO!", o cão se posicione de forma correta.

“SENTA!”

É um dos primeiros comandos que o cão aprende, por ser um movimento fácil. Faremos com que ele aprenda de forma simples e divertida, sem forçá-lo a sentar, suspendendo a guia em seu pescoço ou fazendo pressão com a mão em seu dorso ou na traseira: a intenção, sempre, é ensinar o cão induzindo-o com estímulos positivos.

Colocamos o petisco na altura do focinho e o levamos para cima da cabeça lentamente, induzindo-o a encostar a traseira no chão. Quando isso ocorrer, o dono ou adestrador deverá dizer o comando "SENTA!" e recompensá-lo. Se o cão, no momento que o dono ou adestrador estiver colocando o petisco acima da cabeça, pular para roubá-lo, este deve ser retirado de forma rápida e brusca, sem palavras ou repreensões, já que tal atitude é entendida pelo animal como repreensão. Em seguida, tente novamente. Se o cão resistir para sentar, podemos ajudá-lo acariciando desde o dorso até o rabo para que ele relaxe a parte traseira.

Assim, o cão aprenderá o comando de forma natural e sem imposições.

Repita o exercício várias vezes e, quando for o momento de o cão sentar, diga "SENTA!" e o recompense, até que ele atenda somente ao comando verbal e o execute.

“DEITA!”

Esse comando é um pouco mais difícil para o cão, por tratar-se de uma posição de total submissão em relação ao dono ou adestrador.

Para ensiná-lo, partimos com o cão na posição "sentado", colocamos o petisco diante de seu focinho e o conduzimos na vertical para baixo na altura do seu peito, puxando-o, depois, lentamente na horizontal, fazendo-o ir para a frente e encostar a parte dianteira no chão. Quando isso ocorrer, devemos dizer o comando "DEITA!" e recompensá-lo imediatamente. Quando, durante esse processo, o cão levantar a traseira, retiramos o petisco de forma rápida e brusca, sem palavras ou reprimendas, pois a atitude é entendida pelo animal como repreensão (a exemplo do que foi mencionado no comando "SENTA!"). Logo depois, tente novamente, partindo sempre da posição "sentado" e repetindo o processo.

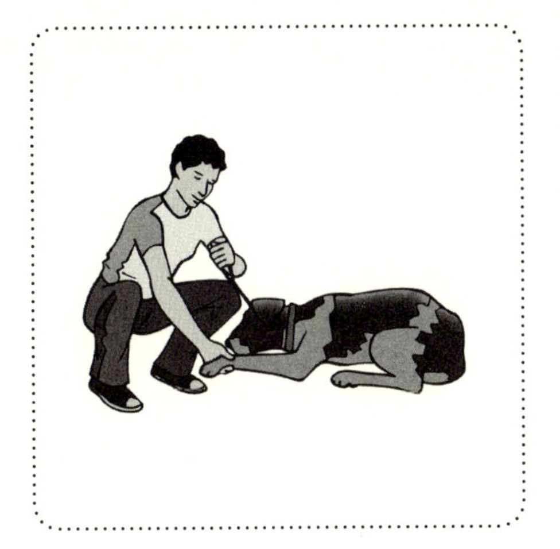

Quando o corpo do cão estiver tocando o solo, o dono ou adestrador diz o comando "DEITA!". Repita o exercício algumas vezes, comece a esconder o petisco na palma da mão, entre os dedos, e utilize a mão com a palma virada para baixo como comando gestual, até que o cão atenda tão somente ao comando verbal e o execute.

Se o cão oferecer resistência, podemos fazer um túnel com a perna. Colocamos o petisco diante de seu focinho e o induzimos a passar sob o túnel, fazendo com que ele se deite. Da mesma forma, quando seu corpo tocar o solo, devemos dizer o comando "DEITA!" e recompensá-lo imediatamente.

“PATA!”

É um comando divertido para o cão, além de ser de fácil aprendizado. Com o animal na posição "sentado", colocamos o petisco diante de sua boca, mantendo a mão fechada. Deixamos que ele mordisque, lamba e tente pegá-lo. Após tentar de todas as maneiras, ele procurará fazê-lo com a PATA. Quando levantar a pata do chão – nesse momento, não é necessário que encoste a pata em sua mão; apenas retirá-la do chão já vale –, devemos recompensá-lo e repetir o exercício exigindo que ele a levante um pouco mais, até o ponto de tocar a mão para que seja liberada a recompensa, como se fosse um botão de liberação.

Repita o exercício algumas vezes. Com a mão que segura o petisco, afaste-o um pouco do focinho. Quando o cão levantar a pata, receba-a (a pata) com a outra mão espalmada na altura do peito do cão. Ele então se apoiará em sua mão; recompense-o, dizendo o comando "PATA!".

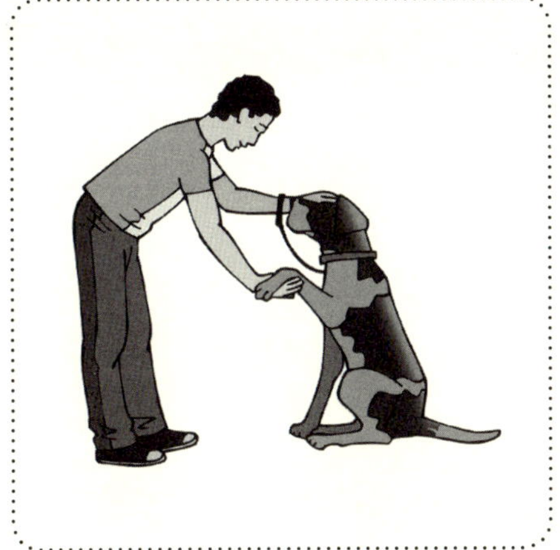

Para que o cão dê a outra pata, mude o lado do petisco na frente da boca do animal e faça com que seu corpo penda para o outro lado; assim, a única opção dele será levantar a outra pata. Quando isso ocorrer, diga o comando "OUTRA" para que ele possa identificar qual pata você quer. Receba cada pata com uma mão – esse será o comando gestual.

Além de melhorar a interação entre dono e cão, esse comando serve para o animal fazer sucesso com sua família.

"EM CIMA!"

Esse comando é a preparação para o comando "FICA!"; serve ainda para que o cão aprenda a esperar, diminuindo a ansiedade dele. Algumas pessoas também o utilizam para limpar a casa sem que o cão fique atrás, patinhando no sabão, roubando a vassoura ou mordendo o pano, entre outras travessuras. É um comando em que não utilizaremos petisco, pois a recompensa do cão é ser liberado da posição.

Para ensinar esse comando ao cão, precisaremos de uma pequena mesa ou de uma cadeira na qual ele fique confortável. Pegamos o animal no colo e o colocamos em cima do local escolhido, dizendo o comando "EM CIMA!" uma única vez; então, saímos de perto dele, mas não o suficiente para ficar longe. Se o cão descer, o repreendemos com o comando "NÃO!" proferido de forma clara e objetiva, como já mencionamos anteriormente, e o colocamos em cima do local escolhido, tornando a dizer sem demora o comando "EM CIMA!". Não podemos repreender o cão se ele simplesmente ameaçar descer ou andar em cima do local, ou ainda trocar a posição "de pé" para "sentado", "deitado", ou vice-versa. Ele só será repreendido se realmente descer, já que o simples fato de ameaçar e não descer sinaliza a sua compreensão de que não está autorizado a fazê-lo.

Quando percebemos que o cão se manteve em cima durante alguns segundos, nós o pegamos novamente no colo e o colocamos no chão dizendo "ACABOU", que é a liberação do comando "EM CIMA!".

Se o cão demonstrar resistência em se manter em cima, nós o colocamos na posição no local escolhido, afastamo-nos apenas alguns passos e o retiramos do local. Desse modo, evitamos o erro e passamos a aumentar o tempo gradativamente, sem acarretar nenhum trauma. Repita esse processo várias vezes, até que o cão suba sozinho e receba o comando "EM CIMA!".

"FICA!"

O comando "FICA!" é muito importante; por isso, deve ser bem trabalhado, pois temos de confiar nele – no comando – para utilizá-lo, por exemplo, na rua.

Com a guia frouxa, deixamos o cão na posição "sentado" e damos um passo para trás, mostrando-lhe o petisco e dizendo "FICA!". Então retornamos ao cão e o recompensamos. Novamente, deixamos o animal na posição "sentado". Damos dois passos para trás mostrando-lhe o petisco e dizendo "FICA!", para então voltar a ele e de novo recompensá-lo. Aconselha-se a pisar em cima da guia frouxa para que, se tentar correr, o cão não consiga.

Esse processo deve ser feito algumas vezes antes de você soltar a guia. Vá se distanciando do cão aos poucos e dizendo uma única vez "FICA!". Se o cão sair do lugar, e der um passo que seja, diga o comando "NÃO!" e o coloque exatamente como o deixou antes que ele saísse, proferindo novamente o comando "FICA!".

Repreenda dessa forma todas as vezes em que o cão sair. Assim ficará claro para ele o que desejamos.

Repita o exercício e comece a virar de costas para o cão, dando vários passos, distanciando-se. Sempre retorne a ele para premiá-lo. Ainda não é o momento de chamá-lo até você – estamos evitando erros. Comece a sair do raio de visão do cão. O gesto para que ele fique começa a ser a mão aberta na altura dos ombros, com o petisco preso entre os dedos em seu campo de visão. Não repita o comando "FICA!" enquanto estiver longe do cão. Diga-o apenas uma vez.

Após ter aprendido o comando "FICA!", o cão poderá esperar na posição "sentado", "deitado" ou "de pé".

O ideal desse comando é que o cão ouça apenas uma vez e só saia ao chamado de quem ordenou.

"AQUI!" OU "VEM!"

Pode-se perceber que estamos seguindo uma ordem para que seu cão aprenda os exercícios e se torne obediente e interativo.

O nome do comando deve ser escolhido definitivamente entre "AQUI!" ou "VEM!", pois não podemos confundir o cão. Importa salientar que a palavra "tó" não é um comando. Quando se quer atrair a atenção do animal, algumas vezes as pessoas utilizam: "Tó, aqui ó...", o que é errado, pois, além de estender demais o que se fala ao animal, em outras ocasiões, será exigido dele somente o comando "AQUI!" ou "VEM!".

Após deixarmos o cão no comando "FICA!", distanciamo-nos um pouco, uns dez passos, abaixamo-nos e chamamos alegremente "AQUI!" ou "VEM!". Tão logo o cão alcance o objetivo proposto, que somos nós, deve ser recompensado com petisco e festa: "Muito bem!".

Se o cão correr para outro lugar, devemos dizer imediatamente "NÃO!". Nós o pegamos e o colocamos novamente na posição "fica!" no lugar onde ele estava antes de sair, repetindo o exercício.

Executamos o exercício várias vezes até que, com o corpo ereto, chamamos "AQUI!" ou "VEM!", ao que se espera que o cão venha correndo e feliz.

O cão tem de se mostrar feliz por retornar ao dono ou adestrador. Para que isso ocorra, sempre que o chamarmos, devemos recompensá-lo com petisco e festa, e a cada vez ele voltará mais rápido.

Jamais repreenda seu cão por voltar, mesmo em caso de fuga, para que ele não perca o prazer de ir até você.

“PEGA!” E “SOLTA!”

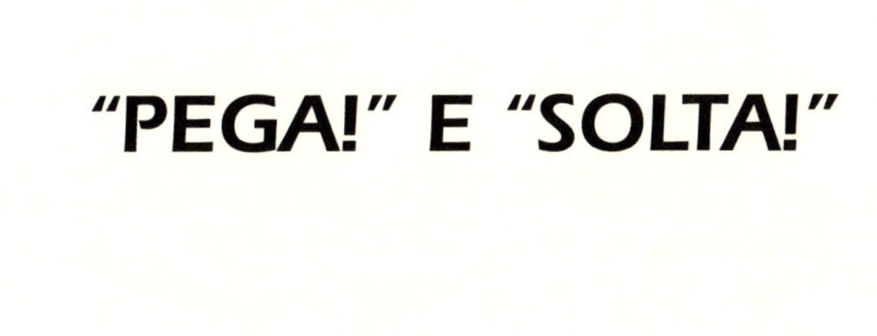

Nem todos os cães nascem fascinados por brinquedos, mas todos podem aprender a gostar deles.

Como é possível que os cães gostem tanto de celulares, controles remotos, tênis e tudo o que pertence a seus donos? O que acontece é que, quando eles veem os donos com as coisas nas mãos ou nos pés, aquilo lhes parece valioso e interessante. Então como fazê-los gostar de brinquedos?

O que para nós parece importante neles desperta interesse. E, quando for identificado interesse por parte do cão, devemos guardar o brinquedo em um lugar em que ele possa vê-lo, mas não possa pegá-lo. Todos os dias, brinque um pouco com o brinquedo e, no auge da empolgação, guarde-o novamente.

O comando "PEGA!" pode ser ensinado facilmente ao cão. Para que ele possa entender a brincadeira, tenha dois brinquedos: dê um ao cão e em seguida ofereça o outro; quando ele abocanhar, diga o comando "PEGA!", mostre o outro brinquedo e repita o comando "PEGA!".

Depois disso coloque o cão na posição "fica!", afaste-se e ponha o brinquedo em um local onde ele possa ver. Volte para perto do cão e diga o comando "PEGA!". Quando ele pegar o brinquedo, recompense-o verbalmente: "Muito bem!". Não é necessário petisco, porque nesse caso o brinquedo já é a recompensa.

Faça dessa uma brincadeira divertida: deixe o cão na posição "fica!" e coloque o brinquedo em um local onde ele possa ver e pegar. Quando pegar, chame-o com o outro brinquedo na mão e troque com ele. Quando ele soltar, diga o comando "SOLTA!" e rapidamente jogue o outro brinquedo, até que o cão consiga brincar de PEGA e SOLTA com um brinquedo somente.

O cão pode aprender a soltar o brinquedo em nossas mãos. Ele deve entender que a brincadeira só ocorre se estivermos presentes, porque assim ele o devolverá cada vez mais rápido para que a diversão continue.

“MORTO”

Esse comando não serve apenas como uma gracinha, ao contrário do que todo mundo pensa, pois com ele condicionamos o cão a nos deixar limpar os ouvidos e os dentes, ser examinado pelo veterinário, dar medicamentos líquidos e sólidos, entre outras ações.

Para ensinar o comando "MORTO" para o cão, partimos da posição "deitado", colocamos o petisco diante do focinho e puxamos para o ombro dele, fazendo com que ele relaxe a parte traseira lateralmente. Depois disso, induzimos o cão a seguir nossa mão para trás da cabeça, fazendo com que ele deite de lado com a cabeça encostada no chão. Quando isso ocorrer, recompense-o imediatamente e diga o comando "MORTO".

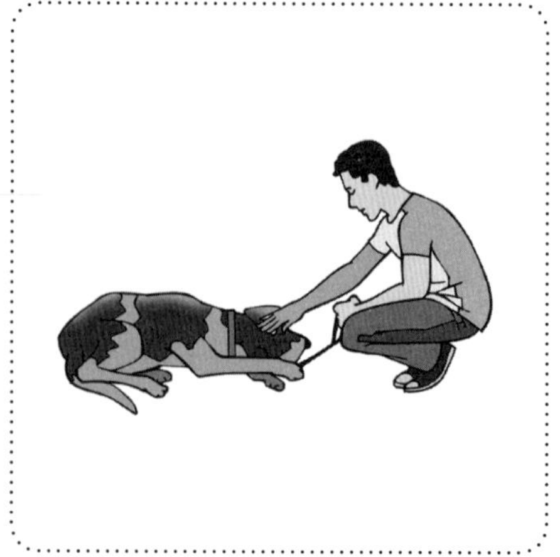

O cão deve permanecer na posição "morto" até que seja recompensado verbalmente com um "muito bem!" e um petisco. Após o exercício estar claro, o cão poderá receber o petisco de pé, mas nas primeiras vezes ele deve recebê-lo na posição "morto" para que entenda o motivo da recompensa.

Para ensinar esse comando, mantemo-nos abaixados no chão, induzindo o cão a acompanhar o petisco; o comando é bem realizado quando conseguimos solicitar que o cão o execute e nos colocamos de pé e com o corpo ereto. O comando deve ser realizado várias vezes, até que o cão lhe atenda tão somente pelo comando verbal.

“DIREITA!”

Para ensinarmos o comando "DIREITA!", o cão deve partir da posição "de pé". Colocamos o petisco próximo a seu focinho, de maneira que ele não consiga pular. Continuamos tentando ao máximo evitar erros, conduzimos o cão com o petisco e o fazemos girar para a direita, acompanhando nosso movimento. Caso ele demonstre resistência, pelo simples fato de acompanhar o nosso movimento, por menor que seja, nós o recompensamos e o felicitamos pela tentativa de acerto e vamos exigindo aos poucos que a volta fique completa.

Quando o cão executar o movimento dando uma volta completa para a direita, dizemos o comando "DIREITA!" e o recompensamos ao término do círculo.

O comando gestual pode ser utilizado da seguinte forma: aos poucos, vamos mostrando ao cão a mão direita fazendo um círculo pequeno ao redor dela mesma em conjunto com o comando verbal "DIREITA!".

No início, recompensaremos o cão em todos os acertos. Depois, passaremos a solicitar mais de um comando para que ele receba a recompensa. Esconder e variar a recompensa também é importante, pois o fato de o cão não saber o que vai ganhar e quando vai ganhar o estimula a trabalhar mais motivado.

Repita o exercício até que ele ouça o comando "DIREITA!" e execute sozinho o círculo para a direita.

“ESQUERDA!”

Para ensinarmos o comando "ESQUERDA!", o cão deve partir da posição "de pé". Colocamos o petisco próximo ao focinho dele, de maneira que não consiga pular. Continuamos tentando ao máximo evitar erros, conduzimos o cão com o petisco e o fazemos girar para a esquerda, acompanhando nosso movimento. Caso ele demonstre resistência, pelo simples fato de acompanhar nosso movimento, por menor que seja, já o recompensamos e o felicitamos pela tentativa de acerto e vamos exigindo que aos poucos a volta fique completa.

Quando o cão executar o movimento dando uma volta completa para a esquerda, dizemos o comando "ESQUERDA!" e o recompensamos ao término do círculo.

O comando gestual pode ser utilizado da seguinte forma: aos poucos, vamos mostrando ao cão nossa mão esquerda fazendo um círculo pequeno em volta dela mesma em conjunto com o comando verbal "ESQUERDA!".

Repita o exercício até que o cão ouça o comando "ESQUERDA!" e execute sozinho o círculo para a esquerda.

Observação:

Como o cão não conhece nenhuma palavra, os nomes dos comandos aqui sugeridos podem ficar à escolha do dono ou adestrador, lembrando que sempre devem ser usadas palavras simples e curtas, e não muito parecidas, para que o cão não se confunda. Mas, se ele aprendeu determinado exercício com um comando, não é aconselhável modificar o nome do comando, pois desse modo o confundimos e podemos provocar erros. Por exemplo: em sua vida inteira, você soube que "cadeira" era aquele móvel que se dispunha perto da mesa e no qual você sentava para as refeições, quando aparece alguém e diz que aquilo não é uma cadeira, e sim um abacaxi. Isso só poderá deixá-lo confuso. Agora imagine um cão, que desconhece as palavras e que só distingue as que lhe apresentamos... Tendo isso em mente: ao escolher determinado comando para um exercício, mantenha-o.

"TRANÇA"

O comando "TRANÇA" é um movimento de *freestyle* (que significa "dança com os cães") e de pura interação: quanto mais percebemos a facilidade com que os cães aprendem, mais prazeroso fica o trabalho para nós e para eles.

Para ensinar o comando "TRANÇA", posicionamos o cão em pé ao nosso lado. Nesse exercício necessitamos de dois petiscos, um em cada mão. Damos um passo para a frente e os mostramos para o cão através do vão formado entre nossas pernas e o petisco: induzimos o cão a passar por ele, sendo recompensado do outro lado. Dando mais um passo para a frente, outro vão se formará, e mostraremos o petisco, incentivando o cão a trançar novamente, quando de novo o recompensaremos. Toda vez que ele trançar, será recompensado nessa fase do exercício. E, ao dizermos o comando "TRANÇA", aos poucos vamos exigindo que ele trance duas ou três vezes para ser recompensado.

Com as repetições, vamos mantendo cada vez mais o corpo ereto até ficarmos completamente em pé, e o cão estará trançando entre nossas pernas.

"PRA TRÁS"

O comando "PRA TRÁS" ajuda na coordenação motora do cão. Você sabia que o cão não tem conhecimento de suas patas traseiras? Por isso, é comum ouvirmos histórias de cães que correm atrás do rabo, chegando a mordê-lo. E quem já viu um cão subir em uma escada vertical sem ser treinado previamente deve ter observado que ele coloca as patas dianteiras para subir, enquanto as traseiras ficam sem direção, tentando acertar os degraus.

Para ensinar o comando "PRA TRÁS", partimos com o cão na posição "de pé", ordenamos o comando "PRA TRÁS" e andamos em direção ao cão, fazendo-o recuar. Quando isso ocorrer, recompense-o. Nesse comando, podemos ajudar o cão ao fazer um corredor atrás dele, evitando que ele escape para os lados.

Recompensamos o cão por dar um passo para trás, como, aliás, sempre o faremos, aos mínimos acertos, e passaremos a exigir cada vez mais, moldando-o aos poucos e com atenção para mantê-lo sempre motivado.

Exigimos que o animal dê um, dois, três passos para trás, sempre o recompensando e dizendo o comando "PRA TRÁS".

Repetimos o exercício até que o cão entenda somente pelo comando verbal e o execute.

"CUMPRIMENTA" OU "OI!"

Essa posição requer um pouco de cuidado por causa da coluna do cão. Não podemos ensinar esse comando a um filhote para não prejudicar sua coluna, causando danos possivelmente irreversíveis, tampouco solicitar que o cão permaneça nessa posição por muito tempo, pois o desgaste para a coluna é inevitável.

Como podemos utilizar o comando "CUMPRIMENTA" ou "OI!"? Ao cumprimentar ou saudar alguém, não ficamos mais do que 20 segundos dando-lhe as boas-vindas. Com os cães é a mesma coisa: solicitamos o comando, ele o executa e rapidamente será premiado.

Para ensinar o comando "CUMPRIMENTA" ou "OI!", primeiramente vamos escolher qual dos dois nomes daremos ao comando. É aconselhável que seja "OI!", pois é breve e de fácil entendimento. Partimos com o cão da posição "sentado", colocamos o petisco próximo do focinho dele e o elevamos para cima da cabeça, induzindo que ele levante as patas da frente. Nas primeiras vezes, o animal vai nos parecer muito desajeitado, mas mesmo assim o recompensaremos e ordenaremos o comando "CUMPRIMENTA" ou "OI!" e vamos moldando o movimento conforme desejarmos. É um exercício que não pode ser repetido muitas vezes na fase de aprendizado: dez repetições curtas são o bastante.

Após o recompensarmos algumas vezes, exigimos que o cão se posicione de maneira mais harmoniosa. Quando isso ocorrer, nós o recompensaremos e diremos o comando "CUMPRIMENTA" ou "OI!".

Para o comando gestual, pode ser usada a mão aberta fazendo-se um movimento que indique "para cima".

Repita o exercício até que o cão atenda ao comando verbal "CUMPRIMENTA" ou "OI!" e o execute.

Observação:

Sempre ajude o seu cão. Se você solicitar um comando verbal e ele não executá-lo imediatamente, use o comando gestual para ser entendido com mais facilidade – lembrando que tentamos ao máximo evitar erros e frustrações.

“TCHAU”

Esse é um dos comandos mais graciosos e apreciados, ensinado de maneira agradável e estimulante. Nesse caso parece que o cão está mesmo se despedindo.

Para ensinarmos o comando "TCHAU", é necessário que ele saiba dar a pata somente pelo comando verbal, já que este é uma continuação do comando "PATA!".

Partimos com o cão na posição "sentado", e, da mesma forma que o ensinamos a dar a pata, iniciamos o exercício, segurando um petisco com a mão fechada, esperando que o cão toque nela. Isso ocorrerá rapidamente, pois ele sabe onde é "o botão de liberação" de petiscos. Só que dessa vez exigiremos que ele o toque duas vezes, e a mão fechada estará um pouco acima da boca do cão, como no comando "PATA!". Quando o cão tocar a mão fechada duas vezes em sequência, dizemos o comando "TCHAU" e o premiamos. Fazemos isso várias vezes, à medida que o cão toca a mão fechada; a outra mão faz o comando pelo gesto que é um sinal de tchau.

Repita o exercício até que o cão o execute apenas pelos comandos gestual e verbal.

Observação:

Se o cão não estiver conseguindo acertar e em algum momento demonstrar frustração, ou se o dono ou adestrador estiver se irritando, substitua o exercício, solicite um comando que ele já conheça bem e o recompense – se insistirmos demais em algum exercício que não está caminhando como o esperado, podemos arruinar todo o trabalho realizado até então.

"RASTEJA"

Partimos da posição "deitado", colocamos o petisco diante do focinho do cão e lentamente o afastamos para que ele o siga. Caso o cão levante a traseira, retiramos o petisco rapidamente, sem palavras ou repreensões – pois a simples retirada já é uma punição – e refazemos o exercício: novamente o cão na posição "deitado", o petisco rente ao focinho, e o retiramos lentamente, para que ele acompanhe. Quando ele começar a seguir o petisco, nós o recompensamos ordenando o comando "RASTEJA". Então exigimos que o cão se arraste um pouco mais para ser recompensado, e ainda mais um pouco, até ficarmos na posição ereta, quando ele deve rastejar tão somente por nosso comando verbal.

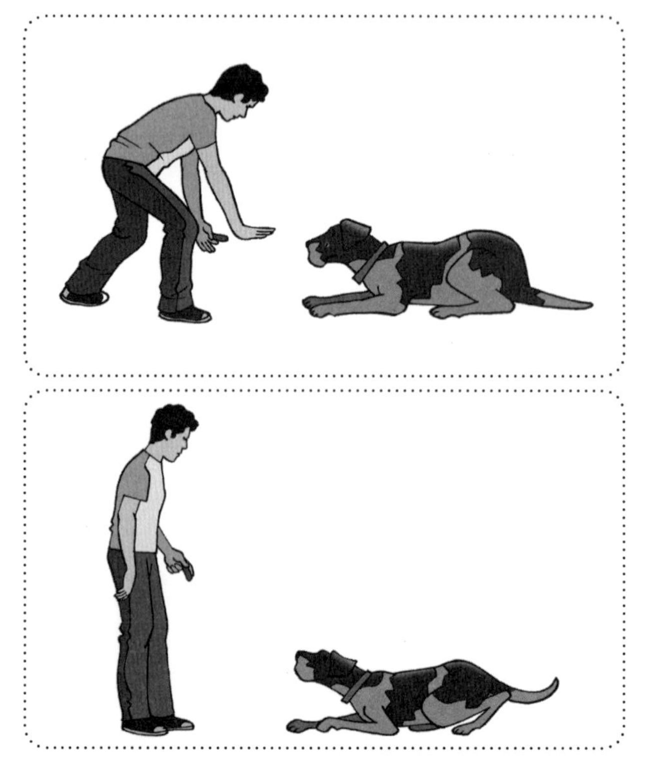

“MACHUCADO”

Nesse comando, o cão finge que se machucou, mancando com uma das patas dianteiras.

O primeiro passo é identificar qual das patas seu cão tem mais facilidade em oferecer, qual delas ele dá mais prontamente sem demonstrar nenhuma perda de equilíbrio.

Em seguida, partiremos com o cão na posição "de pé", a seu lado. Colocamos o petisco próximo de sua boca e pedimos que ele dê a pata; quando ele a levantar, começaremos a andar muito lentamente; o cão vai nos acompanhar já com a pata erguida, como se estivesse machucado.

Nesse momento, nós o premiaremos dizendo o comando "MACHUCADO". No início vamos recompensá-lo apenas por dar um ou dois passos mancando; depois, vamos exigir um pouco mais, sempre dizendo o comando "MACHUCADO".

Observação:

Não podemos esquecer que, mesmo aprendendo comandos novos, não podemos deixar de recompensar e treinar os comandos que o cão aprendeu anteriormente. Às vezes, dar um petisco quando ele SENTA ou DEITA para a execução de outro comando é algo bastante indicado para que o cão faça uma coisa e outra sempre com prazer.

Como o nosso principal estímulo são os petiscos, não os daremos mais de forma gratuita a nosso cão. Com isso, ele deve aprender a valorizá-los e se dispor a brincar para ganhá-los.

"DE PÉ!"

Nesse comando, faremos o cão andar em pé, ou seja, apoiado somente nas patas traseiras.

Para ensiná-lo, o dono ou adestrador parte com o cão da posição "sentado", mostra-lhe o petisco como se fosse cumprimentar e então eleva mais o petisco, fazendo com que o cão se ponha de pé. Se no início apenas "ameaçar" ficar nessa posição, já merecerá uma recompensa. Passaremos a exigir que ele fique completamente de pé, dizendo o comando "DE PÉ!". Também podemos fazer o cão dar alguns passos dessa forma. Mostramos o petisco quando ele estiver na posição "de pé" e o deslocamos para a frente ou lateralmente. Quando ele acompanhar, nós o premiamos.

Observação:

Sempre fazemos festa para o cão e o recompensamos com petiscos. Mas vale a lei do equilíbrio e do bom senso: eventualmente, fazendo festa em todas as repetições, tanto podemos perder o fio da meada como desconcertar o cão. Pode levar algum tempo para que ele lembre exatamente o que motivou a recompensa. Mas o importante é a festa merecida nos momentos em que ele completar o exercício.

“PULA!”

O comando "PULA!" serve para que o cão pule através de um arco, ou no colo, ou sobre algo... Se o cão aprender o que é pular, ele o fará sempre que solicitado.

Para começar a ensinar o comando "PULA!", sentamos próximo à parede e colocamos a perna entre a parede e o cão e mostramos o petisco do outro lado, induzindo-o a passar por cima. Nossa perna deve estar bem próxima do chão para que o cão passe praticamente andando. Quando ele passar, recompense-o dizendo o comando "PULA!".

Levante gradativamente a perna, faça com que o cão pule por cima e diga o comando "PULA!", recompensando-o sempre.

Depois você pode pedir que ele pule por cima de um cabo de vassoura posicionado na horizontal, a uma altura cada vez maior.

Para que ele pule por dentro de um arco, o processo é o mesmo: com o arco no chão, fazemos com que ele apenas passe por dentro e o recompensamos. Vamos subindo a altura do arco e dizendo o comando "PULA!". Sempre que ele pular, deverá ser recompensado.

Para que o cão pule no colo, é a mesma coisa: começamos incentivando-o a subir no colo e recompensamos seu esforço. Em seguida, dizemos o comando "PULA!" e levantamos o corpo, até que, de pé, dizemos o comando "PULA!" e recebemos o cão no colo. Cuidado com os acidentes! Se ele for muito pesado, não é indicado que o animal pule no colo.

EXERCÍCIOS LIVRES

Com todos esses comandos, seu cão já está bem acostumado com as técnicas de adestramento, e você poderá ensinar os comandos a outros cães, sempre com muita paciência e trabalhando de maneira séria.

Podemos combinar qualquer exercício que o cão tenha aprendido e até ensinar comandos que não foram citados aqui, pois ele está preparado para interagir.

Não se esqueça de sempre motivá-lo e recompensá-lo.

No exterior, existem competições de *freestyle*. Neste livro, aprendemos vários movimentos desse tipo. Cabe agora à criatividade do dono ou adestrador propor uma sequência de comandos, escolher uma música e montar o próprio show.

CONSIDERAÇÕES FINAIS

O medo NÃO deve ser recompensado.

Devemos ter a liderança para um bom treinamento.

Paciência acima de tudo.

Agressividade só gera agressividade.

Até poder confiar no cão, sempre faça os exercícios em ambiente controlado.

O cão deve saber o que é o comando "NÃO!".

Jamais se deve aplicar punição em um cão que está tentando acertar o exercício.

Quando voltar ao dono ou adestrador, o cão jamais deve ser punido, mesmo em caso de fuga. Nessa situação, ele entenderá que estará sendo punido por voltar, e não por fugir.

Não dê petiscos "de graça" ao cão.

Não lhe dê restos de comida ao pé da mesa enquanto estiver fazendo suas refeições.

Bom trabalho!

Leia também:

O cão em nossa casa: como criar, tratar e adestrar

ISBN 978-85-7555-107-3

144 PÁGINAS

O cão em nossa casa: perguntas & respostas

ISBN 978-85-7555-170-7

112 PÁGINAS

Impresso por :

Graphium
gráfica e editora

Tel.:11 2769-9056